школа - ụlọ akwụkwọ	2
путешествие - njem	5
транспорт - njem	8
город - obodo	10
ландшафт - odida obodo	14
ресторан - ụlọ oriri na ọṅụṅụ	17
супермаркет - ụlọ ahịa	20
напитки - ihe ọṅụṅụ	22
еда - nri	23
ферма - ugbo	27
дом - ụlọ	31
гостиная - ime ụlọ ezumike	33
кухня - usekwu	35
ванная комната - ụlọ ịsa ahụ	38
детская комната - ụlọ nwa	42
одежда - uwe	44
офис - ụlọ ọrụ	49
экономика - akụnụba	51
профессии - aka ọrụ	53
инструменты - ngwaọrụ	56
музыкальные инструменты - ngwa egwu	57
зоопарк - zuu	59
спорт - egwuregwu	62
действия - ihe omume	63
семья - ezinụlọ	67
тело - ahụ	68
больница - ụlọ ọgwụ	72
неотложный случай - mberede	76
земля - Ụwa	77
часы - elekere	79
неделя - izu	80
год - afọ	81
формы - ụdị	83
цвета - na agba	84
противоположности - mmegide	85
цифры - nọmba	88
языки - asụsụ	90
кто / что / как - onye / ihe / olee	91
где - ebee	92

Impressum
Verlag: BABADADA GmbH, Nedderfeld 112 , 22529 Hamburg
Geschäftsführer / Verlagsleitung: Harald Hof
Druck: Books on Demand GmbH, In de Tarpen 42, 22848 Norderstedt

Imprint
Publisher: BABADADA GmbH, Nedderfeld 112 , 22529 Hamburg, Germany
Managing Director / Publishing direction: Harald Hof
Print: Books on Demand GmbH, In de Tarpen 42, 22848 Norderstedt, Germany

школа
ụlọ akwụkwọ

- классная комната — n'ime ụlọ akwụkwọ
- делить — nkewa
- доска — obosara
- школьный двор — ogige ụlọ akwụkwọ
- учитель — onye nkuzi
- бумага — akwụkwọ
- писать — dee
- ручка — mkpịsị ode akwụkwọ
- ученный стол — tebụl
- линейка — ngwaoru eji atu ihe osise
- книга — akwụkwọ
- ученик — nwa akwụkwọ

ранец
akpa

пенал
akpa pensụl

карандаш
pensụl

точилка
nkọ pensụl

ластик
rọba

альбом для рисования
obosara ihe osise

рисунок
ihe osise

кисточка
ahịhịa agba

коробка красок
igbe agba

ножницы
mkpa

клей
mmapa

тетрадь
akwụkwọ mmega

домашняя работа
ọrụ omume ulo

цифра
nọmba

прибавлять
tinye

вычитать
wepụ

умножать
ba uba

считать
gbakọọ

буква
ozi

алфавит
abiichii

слово
okwu

школа - ụlọ akwụkwọ

текст
ederede

читать
gụọ

мел
nzu

урок
ihe mmụta

классный журнал
deba aha

экзамен
ule

диплом
asambodo

школьная форма
uwe ụlọ akwụkwọ

образование
agumakwukwo

энциклопедия
akwụkwọ nkà ihe ọmụma

университет
mahadum

микроскоп
mikroskopu

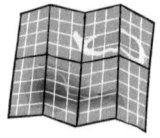
карта
maapụ

корзина для бумаг
nkata-ahihia

школа - ụlọ akwụkwọ

путешествие
njem

гостиница
nkwari akụ

турбаза
ụlọ mbikọ

пункт обмена валюты
ebe mgbanwe ego

чемодан
akpa akwa

автомобиль
ụgbọ ala

язык
asụsụ

да / нет
ee / mba

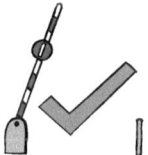

хорошо
Ọdịkwa mma

Привет
nnọọ

переводчик
onye ntughari

Спасибо
Daalụ

путешествие - njem

Сколько стоит…?
ego ole bụ…?

Я не понимаю
Aghọtaghị m

проблема
nsogbu

Добрый вечер!
Mgbede ọma!

Доброе утро!
Ụtụtụ ọma!

Доброй ночи!
Ka chifoo!

До свидания
ka ọ dị

направление
ntụziaka

багаж
ibu

сумка
akpa

рюкзак
akpa azu

гость
ọbịa

комната
ime ụlọ

спальный мешок
akpa ụra

палатка
ụlọikwuu

туристическая информация
ozi njem nleta

пляж
osimiri

кредитная карточка
kaadị akwụmụgwọ

завтрак
nri ụtụtụ

обед
nri ehihie

ужин
nri abalị

билет
tiketi

лифт
mbuli

почтовая марка
stampụ

граница
ókè

таможня
ndị kọstọm

посольство
ụlọ ọrụ nnọchite anya obodo

виза
visa

паспорт
paspọtụ

путешествие - njem

транспорт
njem

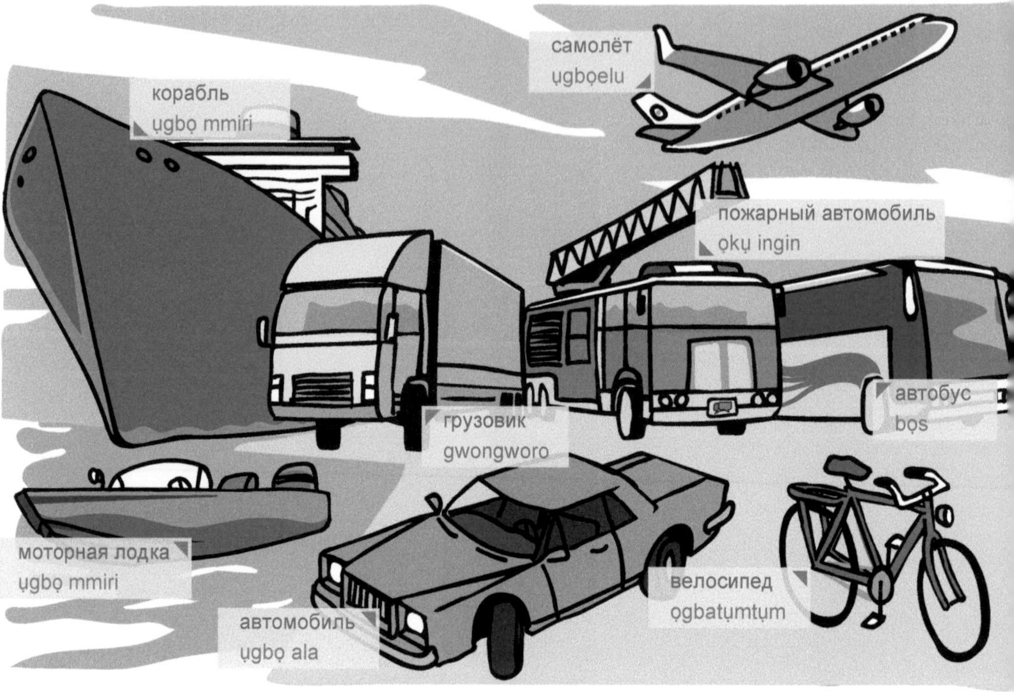

корабль
ugbo mmiri

самолёт
ugboelu

пожарный автомобиль
oku ingin

автобус
bos

грузовик
gwongworo

моторная лодка
ugbo mmiri

велосипед
ogbatumtum

автомобиль
ugbo ala

паром
ugbo

лодка
ugbo mmiri

мотоцикл
ogba tum tum

полицейский автомобиль
ugbo ala uwe ojii

гоночный автомобиль
ugbo ala na-agba oso

арендованный автомобиль
ugbo ala mgbazinye

8   транспорт - njem

совместное пользование
автомобилями

nkekọrịta ụgbọ ala

буксировочный
автомобиль
gwongworo

мусоровоз

ụgbọala ntufu ahihia

двигатель

moto

топливо

mmanụ ụgbọala

заправка

ebe ana ere mmanu

дорожный знак

akara okporo ụzọ

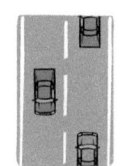

движение

okporo ụzọ

пробка

mkpọchị okporo ụzọ

автостоянка

ọdụ ụgbọ ala

вокзал

ọdụ ụgbọ oloko

рельсы

ụzọ

поезд

ụgbọ oloko

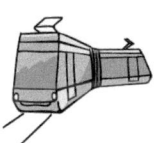

трамвай

ụgbọ oloko

вагон

ajụjụ

транспорт - njem

вертолёт
helikopta

аэропорт
ọdụ ụgbọ elu

вышка
ụlọ elu

пассажир
onye njem

контейнер
akpa

коробка
katọn

тележка
ụgbọ ibu

корзина
nkata

взлетать / приземляться
gbapụ / ala

город
obodo

деревня
obodo

центр города
etiti obodo

дом
ụlọ

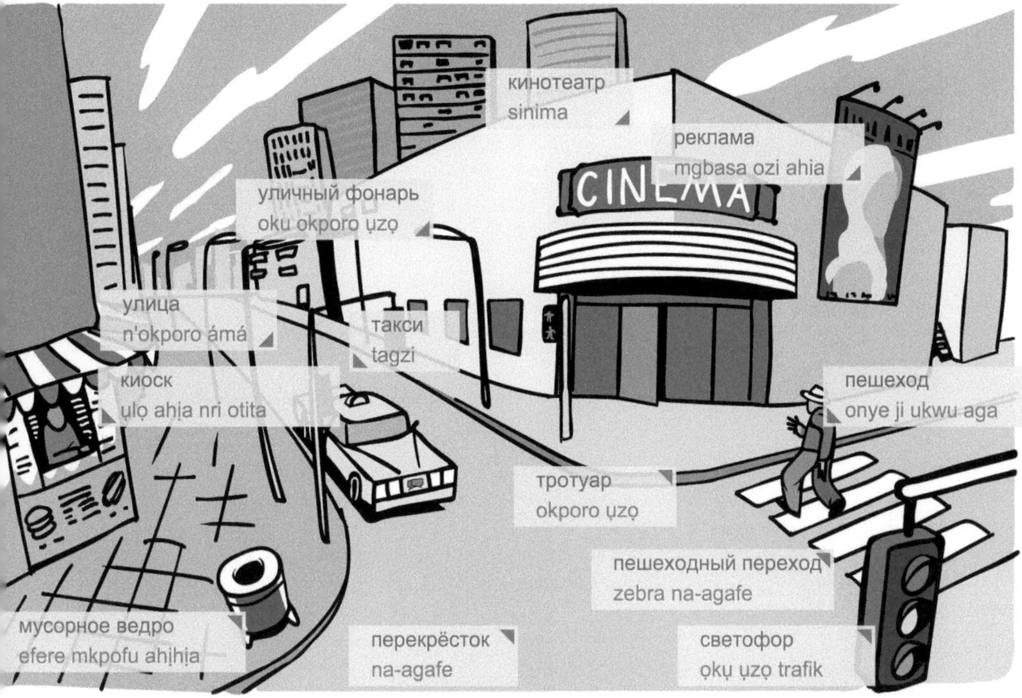

кинотеатр
sinima

реклама
mgbasa ozi ahia

уличный фонарь
oku okporo ụzọ

улица
n'okporo ámá

такси
tagzi

киоск
ụlọ ahịa nri otita

пешеход
onye ji ukwu aga

тротуар
okporo ụzọ

пешеходный переход
zebra na-agafe

мусорное ведро
efere mkpofu ahịhịa

перекрёсток
na-agafe

светофор
ọkụ ụzọ trafik

хижина
obi

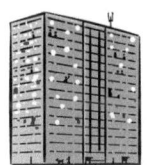

квартира
ohiha

вокзал
ọdụ ụgbọ oloko

ратуша
nnukwu ọnụ ụlọ obodo

музей
ihe ngosi nka

школа
ụlọ akwụkwọ

город - obodo

университет
mahadum

банк
ụlọ akụ

больница
ụlọ ọgwụ

гостиница
nkwari akụ

аптека
ahịa ọgwụ

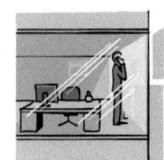
офис
ụlọ ọrụ

книжный магазин
ụlọ ahịa akwụkwọ

магазин
ụlọ ahịa

цветочный магазин
onye ore fulawa

супермаркет
ụlọ ahịa

рынок
ahịa

универмаг
ngalaba ụlọ ahịa

торговец рыбой
onye azu

торговый центр
ụlọ ahịa

порт
ọdụ ụgbọ mmiri

город - obodo

парк
ogige

скамейка
oche

мост
akwa ngafe

лестница
steepụ

метро
n'okpuruala

тоннель
ọwara

автобусная остановка
ebe bọs na-akwụsị

бар
ụlọ mmanya

ресторан
ụlọ oriri na ọnụnụ

почтовый ящик
igbe akwụkwọ ozi

табличка с названием улицы
akara okporo ụzọ

паркометр
igwe nnara ego ndọba ụgbọala

зоопарк
zuu

бассейн
ebe igwu mmiri

мечеть
ụlọ alakụba

город - obodo

ферма
ugbo

загрязнение окружающей среды
mmetọ

кладбище
ili

церковь
ụlọ ụka

детская площадка
ama egwuregwu

храм
ụlọnsọ

ландшафт
odida obodo

лист
akwụkwọ nri

дорожный указатель
akara

дорога
ụzọ

луг
ahịhịa

камень
nkume

дерево
osisi

путешественник
onye njem

река
osimiri

трава
ahịhịa

цветок
ifuru

долина
ndagwurugwu

гора
ugwu

озеро
ọdọ mmiri

лес
ọhịa

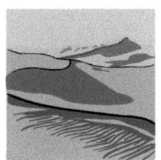

пустыня
ọzara

вулкан
ugwu mgbawa

замок
nnukwu ụlọ

радуга
eke mmiri

гриб
ero

пальма
nkwụ

комар
anwụnta

муха
ofufe

муравей
agbeshi

пчела
añụ

паук
ududo

ландшафт - odida obodo

жук
ahụhụ

лягушка
awọ

белка
osa

еж
oke ọhịa

заяц
oke oyibo

сова
ikwiikwii

птица
nnụnụ

лебедь
Agbanye

кабан
ezi ọhịa

олень
mgbada

лось
anụ ọhịa

плотина
ihe mgbochi mmiri

ветряной генератор
ikuku igwe

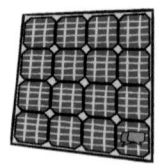

солнечная батарея
igwe anwụ

климат
ihu igwe

ландшафт - odida obodo

ресторан
ụlọ oriri na ọnụnụ

официант
onye na-ebu nri

меню
ndeputa nri

стул
oche

пицца
pizza

суп
ofe

скатерть
ákwà tebụl

столовые приборы
ngaji na nma

закуска
mbịdo

главное блюдо
isi nri

десерт
mmeju nri

напитки
ihe ọnụnụ

еда
nri

бутылка
karama

ресторан - ụlọ oriri na ọnụnụ

фастфуд
nri ngwa ngwa

уличная еда
nri n'okporo ámá

чайник
ketulu tii

сахарница
nnukwu efere shuga

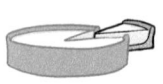
порция
òkè

кофеварка
igwe kofi

детский стульчик
oche dị elu

счет
ụgwọ

поднос
efere obosara

нож
nma

вилка
ndụdụ

ложка
ngaji

чайная ложка
ngaji tii

салфетка
akwụkwọ oche

стакан
iko

ресторан - ụlọ oriri na ọnụnụ

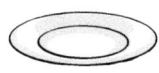
тарелка
efere

суповая тарелка
efere ofe

блюдце
efere ihendori

соус
ihendori

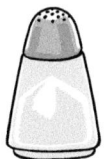
солонка
ite nnu

мельница для перца
igwe ose

уксус
mmanya gbara ụka

масло
mmanụ

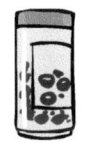
специи
ngwa nri

кетчуп
ihe ndori

горчица
mọstad

майонез
mayonezi

ресторан - ụlọ oriri na ọnụnụ

супермаркет
ụlọ ahịa

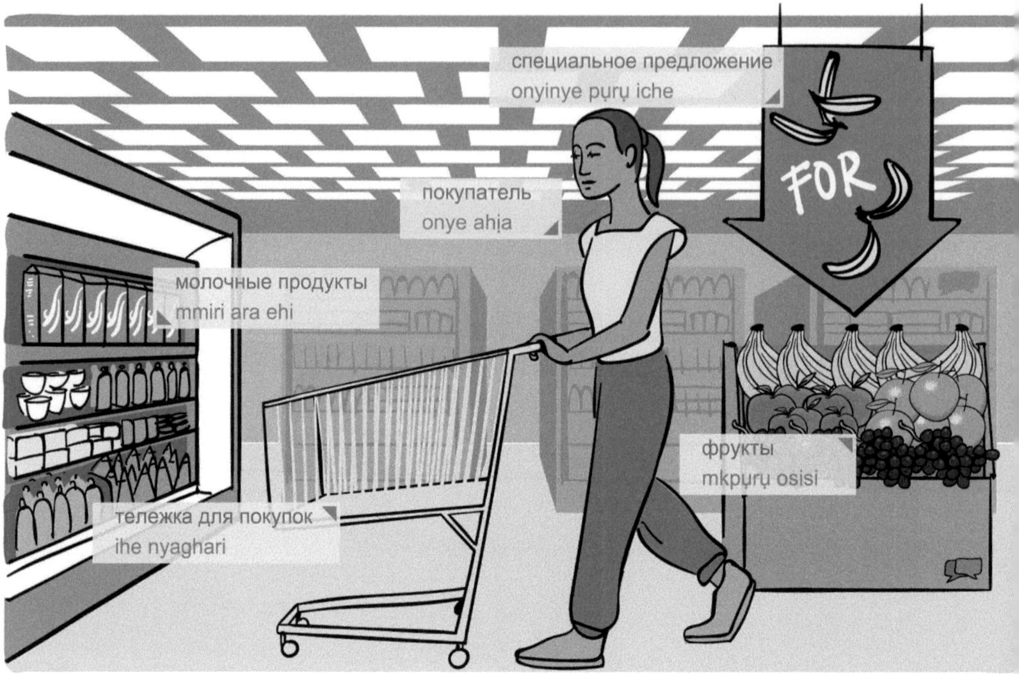

специальное предложение
onyinye pụrụ iche

покупатель
onye ahịa

молочные продукты
mmiri ara ehi

фрукты
mkpụrụ osisi

тележка для покупок
ihe nyaghari

мясной магазин
igbu anụ

пекарня
onye ome achịcha

взвешивать
tụọ

овощи
akwụkwọ nri

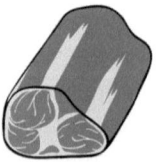

мясо
anụ

быстрозамороженные продукты
nri oyi krọnwụrụ

20   супермаркет - ụlọ ahịa

нарезка
anụ oyi

консервы
nri komkom

стиральный порошок
ntụ ọsịsa

сладости
ihe ụtọ

предмет домашнего обихода
ngwaahịa ụlọ

моющее средство
ngwaahịa nhicha

продавщица
onye n'ere ahia

касса
rue

кассир
onye okwu ugwo

список покупок
ndepụta izụ ahịa

время работы
awa mmepe

бумажник
obere akpa

кредитная карточка
kaadị akwụmụgwọ

сумка
akpa

полиэтиленовый пакет
akpa rọba

супермаркет - ụlọ ahịa

напитки
ihe ọṅụṅụ

вода

mmiri

сок

ihe ọṅụṅụ

молоко

mmiri ara

кока-кола

mmanya otobiri kooku

вино

mmanya

пиво

biya

алкоголь

mmanya na egbu egbu

какао

koko

чай

tii

кофе

kọfị

эспрессо

kofi

капучино

cappuccino

еда
nri

банан
unere

яблоко
apụl

апельсин
oroma

арбуз
egwusi

лимон
oroma nkịrịsị

морковь
karọt

чеснок
galiki

бамбук
achara

лук
yabasị

гриб
ero

орехи
akụ

лапша
nri eriri

спагетти
spaghetti

рис
osikapa

салат
nri ahihia

картофель фри
ibe

жареный картофель
nduku eghere eghe

пицца
pizza

гамбургер
achịcha

сэндвич
sanwichi

шницель
anụ

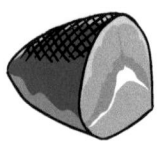

ветчина
apata ụkwụ ezi

салями
salami

колбаса
sọseeji

курица
ọkụkọ

жаркое
ihunuoku

рыба
azụ

еда - nri

овсяные хлопья

nri ọka

мюсли

nri ututu

кукурузные хлопья

ọka

мука

ntụ ọka

круассан

achịcha

булочка

mpịakọta achịcha

хлеб

achịcha

тост

tost

печенье

biskit

масло

bọta

творог

achịcha

пирог

achicha

яйцо

akwa

яичница

akwa eghere eghe

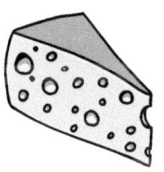

сыр

chiiz

еда - nri

мороженое	сахар	мёд
ihe nracha	shuga	mmanụ aṅụ

мармелад	крем с нугой	карри
jam	gbasaa shuga	kọrị

ферма
ugbo

крестьянский дом
ulọ ọrụ ubi

сарай
n'oba

тюк из соломы
ahịhịa bale

поле
ubi

лошадь
ịnyịnya

прицеп
ugboala na-adọkpụ ụgbọ

жеребёнок
nwa ewu

трактор
trakto

осёл
ịnyịnya ibu

овца
atụrụ

ягнёнок
nwa atụrụ

коза
mkpi

корова
ehi

телёнок
nwa ehi

свинья
ezi

поросёнок
nwa ezi

бык
ehi

гусь
ọgazị

утка
odoguma

цыплёнок
nwa okuko

курица
nne okuko

петух
oke ọkpa

крыса
oke

кошка
pusi

мышь
oke

вол
ehi

собака
nkịta

конура
nkịta ụlọ

садовый шланг
paipu nhicha ogige

лейка
iko mgbara mmiri

коса
scythe

плуг
ịkọ

ферма - ugbo

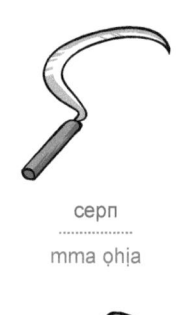

серп
mma ọhịa

мотыга
ogu

навозные вилы
fọk ahihia

топор
anyu-ike

тачка
wiilbaro

корыто
ubi

бидон для молока
komkom mmiri ara ehi

мешок
akpa

забор
ngere

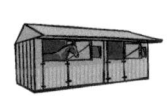

хлев
ụlọanụ

теплица
ulo glaasi

почва
ala

посев
mkpụrụ

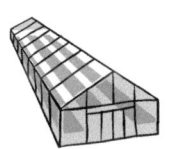

удобрение
fatịlaịza

комбайн
njikọta ihe ubi

ферма - ugbo

собирать урожай
owuwe ihe ubi

урожай
owuwe ihe ubi

ямс
ji

пшеница
ọka wit

соя
soya

картофель
nduku

кукуруза
ọka

рапс
mkpụrụ osisi

фруктовое дерево
osisi mkpụrụ osisi

маниок
akpu

злаки
nri ọka

ферма - ugbo

дом
ụlọ

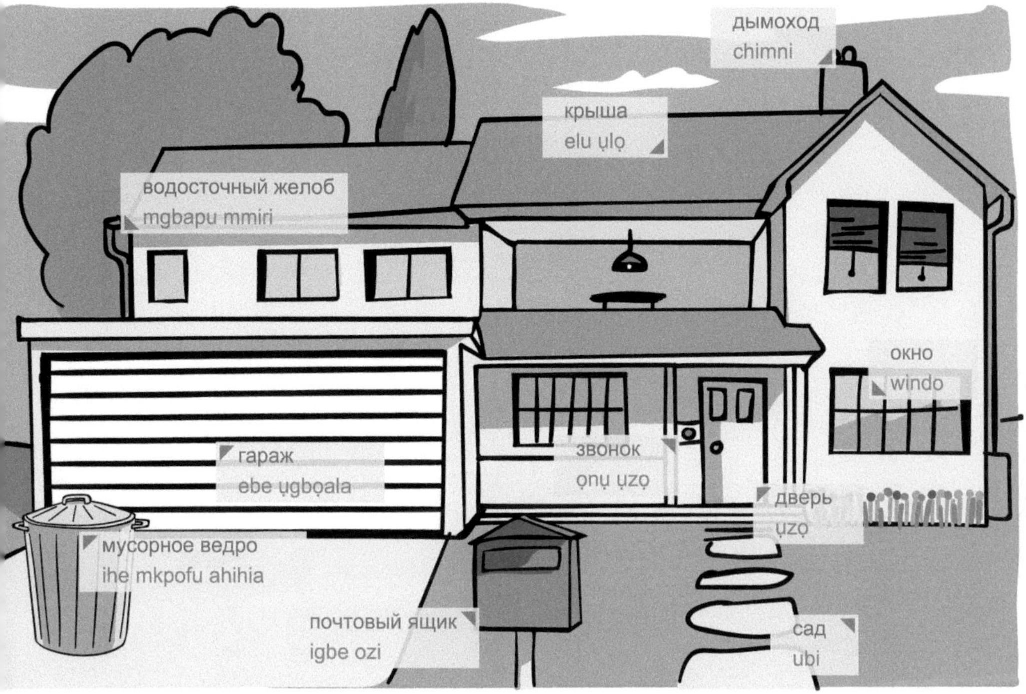

дымоход
chimni

крыша
elu ụlọ

водосточный желоб
mgbapụ mmiri

окно
windo

гараж
ebe ụgbọala

звонок
ọnụ ụzọ

дверь
ụzọ

мусорное ведро
ihe mkpofu ahihia

почтовый ящик
igbe ozi

сад
ubi

гостиная
ime ụlọ ezumike

ванная комната
ụlọ ịsa ahụ

кухня
usekwu

спальня
ime ụlọ

детская комната
ụlọ nwa

столовая
ime ụlọ erimeri

дом - ụlọ

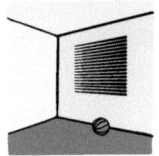

пол
ala

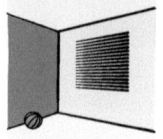

стена
mgbidi

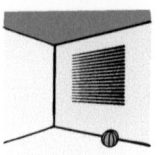

потолок
uko ụlọ

подвал
okpuru ụlọ

сауна
sawụna

балкон
ihu mbara

терраса
mbara ihu ulo

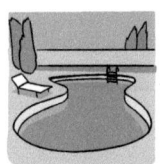

бассейн
ọdọ mmiri

газонокосилка
igwe eji asụ ahịhịa

пододеяльник
mpempe akwụkwọ

покрывало
ihe ndina akwa

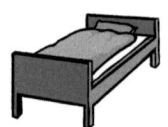

кровать
akwa ndina

метла
aziza

ведро
bọket

выключатель
mgba ọkụ

дом - ụlọ

гостиная
ime ụlọ ezumike

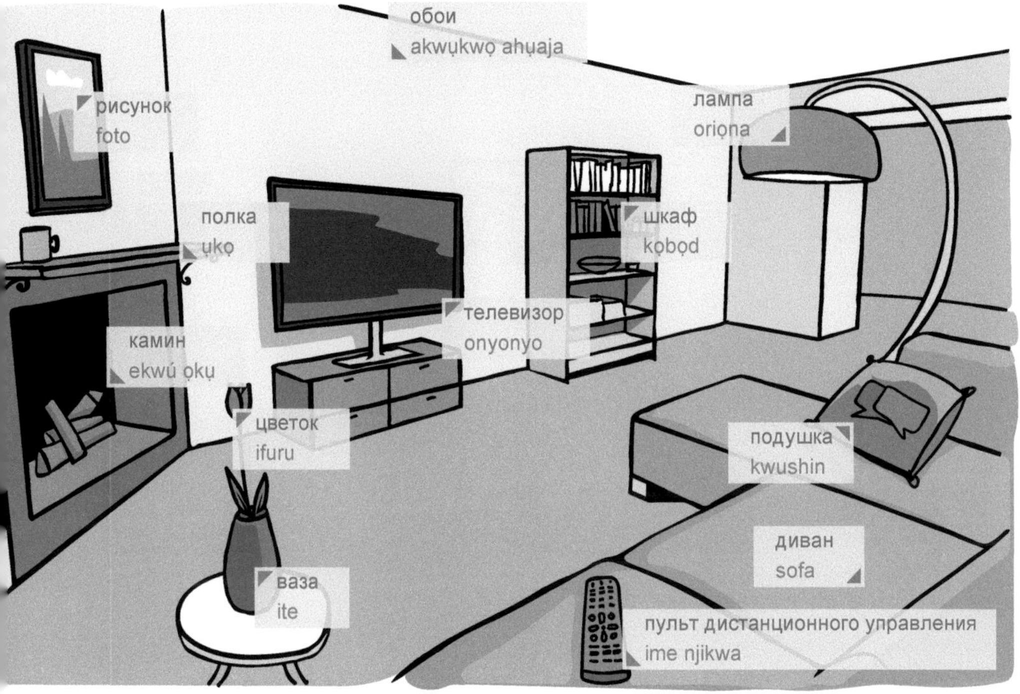

обои
akwụkwọ ahụaja

рисунок
foto

лампа
oriọna

полка
ụkọ

шкаф
kọbọd

камин
ekwú ọkụ

телевизор
onyonyo

цветок
ifuru

подушка
kwushin

ваза
ite

диван
sofa

пульт дистанционного управления
ime njikwa

ковёр
kapeeti

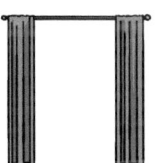

штора
ákwà mgbochi

стол
tebụl

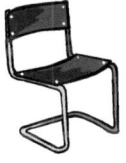

стул
oche

кресло-качалка
mkpatụ oche

кресло
oche

книга
akwụkwọ

покрывало
akwa mkpuchi

украшение
ihe ochicho mma

дрова
nkụ

фильм
ihe nkiri

стереосистема
ngwa hi-fi

ключ
igodo

газета
akwụkwọ akụkọ

картина
eserese

плакат
posta

радио
redio

блокнот
akwụkwọ ozi

пылесос
igwe nhicha ala

кактус
kaktus

свеча
kandụl

гостиная - ime ụlọ ezumike

кухня
usekwu

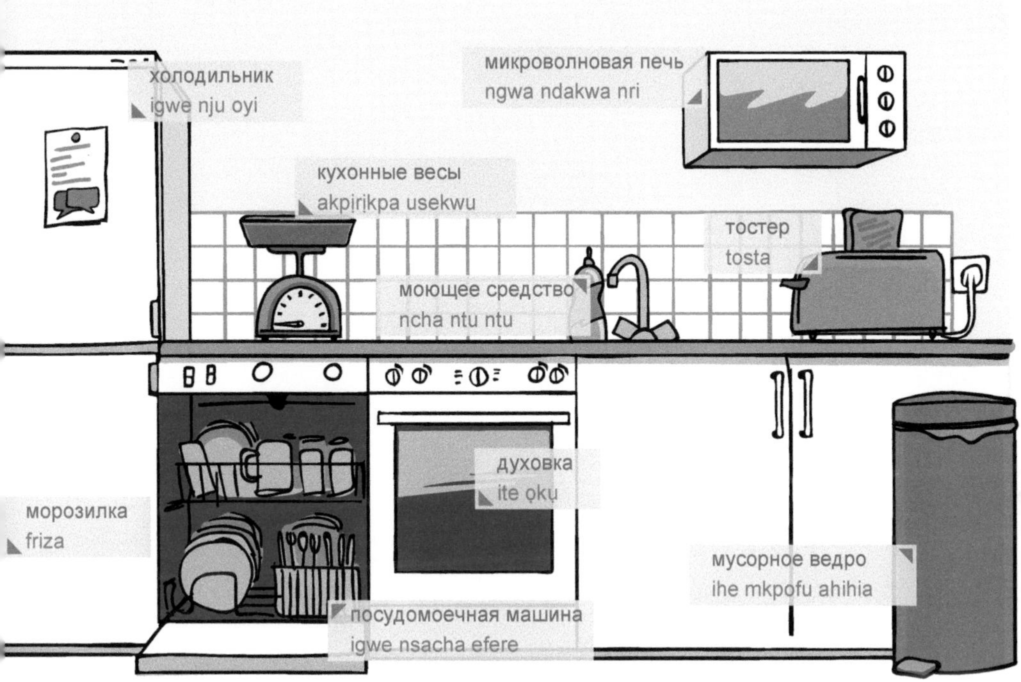

холодильник
igwe nju oyi

микроволновая печь
ngwa ndakwa nri

кухонные весы
akpịrịkpa usekwu

тостер
tosta

моющее средство
ncha ntu ntu

духовка
ite ọkụ

морозилка
friza

мусорное ведро
ihe mkpofu ahihia

посудомоечная машина
igwe nsacha efere

плита
osi ite

кастрюля
ite

чугунный котелок
ite-igwe

вок / кадай
wok / kadai

сковорода
ite mmanụ ọkụ

чайник
ketulu

пароварка
ụzọkụ

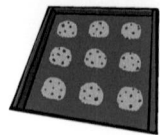

противень
efere nri

посуда
ite mmiri

кружка
iko

миска
nnukwu efere

палочки для еды
osisi

половник
ngazi

лопатка
ngazi mmanụ ọkụ

сбивалка
ntụgharị

сито
nje

сито
nyọ

тёрка
nkwọ

ступка
ikwe

гриль
anụ mmịkpọ

костёр
imeghe oku

кухня - usekwu

доска
boodu ncha ihe

скалка
osisi mgbati

штопор
ihe mmeghe mmanya

жестяная банка
komkom

консервный нож
ihe mmeghe komkom

прихватка
ite njide

раковина
efere nsacha

щетка
ihe nsa eze

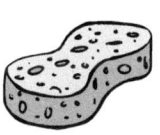

губка
ogbo

миксер
nkwori

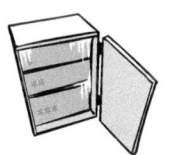

морозильная камера
friza

бутылочка для кормления
karama nwa

кран
mkpopu mmiri

кухня - usekwu

37

ванная комната
ụlọ ịsa ahụ

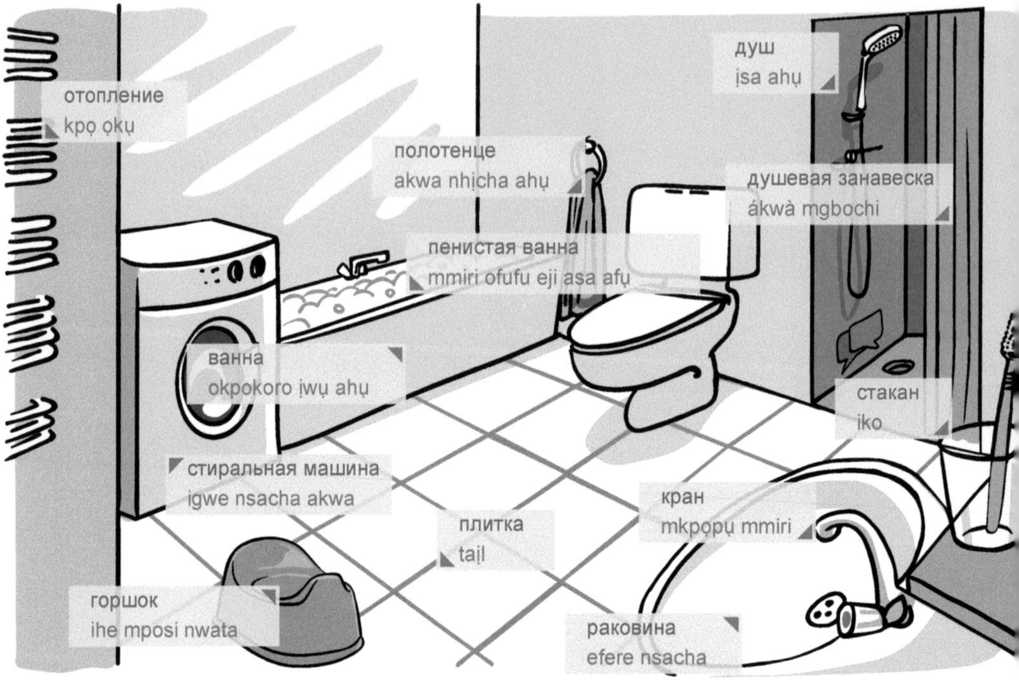

- отопление — kpọ ọkụ
- душ — ịsa ahụ
- полотенце — akwa nhịcha ahụ
- душевая занавеска — ákwà mgbochi
- пенистая ванна — mmiri ofufu eji asa afụ
- ванна — okpokoro iwụ ahụ
- стакан — iko
- стиральная машина — igwe nsacha akwa
- плитка — tail
- кран — mkpọrụ mmiri
- горшок — ihe mposi nwata
- раковина — efere nsacha

туалет	напольный унитаз	биде
ụlọ mposi	mposi squat	basin eji asa ebe nzuzo ahu
писсуар	туалетная бумага	ершик
ebe inyu mmamịrị oha	akwụkwọ mposi	ahihia ụlọ mposi

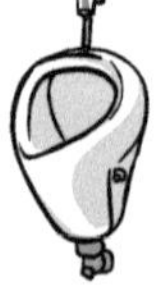

ванная комната - ụlọ ịsa ahụ

зубная щётка
brosh

зубная паста
ihe nhicha eze

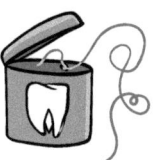

зубная нить
nhicha eze

мыть
saa

ручной душ
isa aka

интимный душ
isa mmiri showa

таз
nnukwu efere nsacha

щётка для спины
agba ahihia eji ete penti

мыло
ncha

гель для душа
ncha mmiri nsa ahu

шампунь
ncha ntutu

мочалка
uwe ajiajuru

сток
mgbapu mmiri

крем
ude

дезодорант
senti

ванная комната - ụlọ ịsa ahụ

зеркало
enyo

ручное зеркало
enyo aka

бритва
rezo

пена для бритья
ụfụfụ ịkpụ afụ

лосьон после бритья
mgbe emechara aji

расческа
mbo

щетка
ahịhịa

фен
okponku ntutu

лак для волос
Ihe mmiri ana agba na isi

косметика
ntecha

губная помада
mmanụ ọnụ

лак для ногтей
ntecha mbọ aka

вата
owu

маникюрные ножницы
mkpa mbọ aka

духи
senti

ванная комната - ụlọ ịsa ahụ

косметичка
akpa uwe

табуретка
oche

весы
erikpu

халат
akwa towelu

резиновые перчатки
gloovu roba

тампон
ihe mkpuchi obara ogbugbua

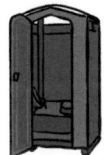

гигиеническая прокладка
ihe mkpuchi nso nwanyi

биотуалет
ụlọ mposi

ванная комната - ụlọ ịsa ahụ

детская комната

ụlọ nwa

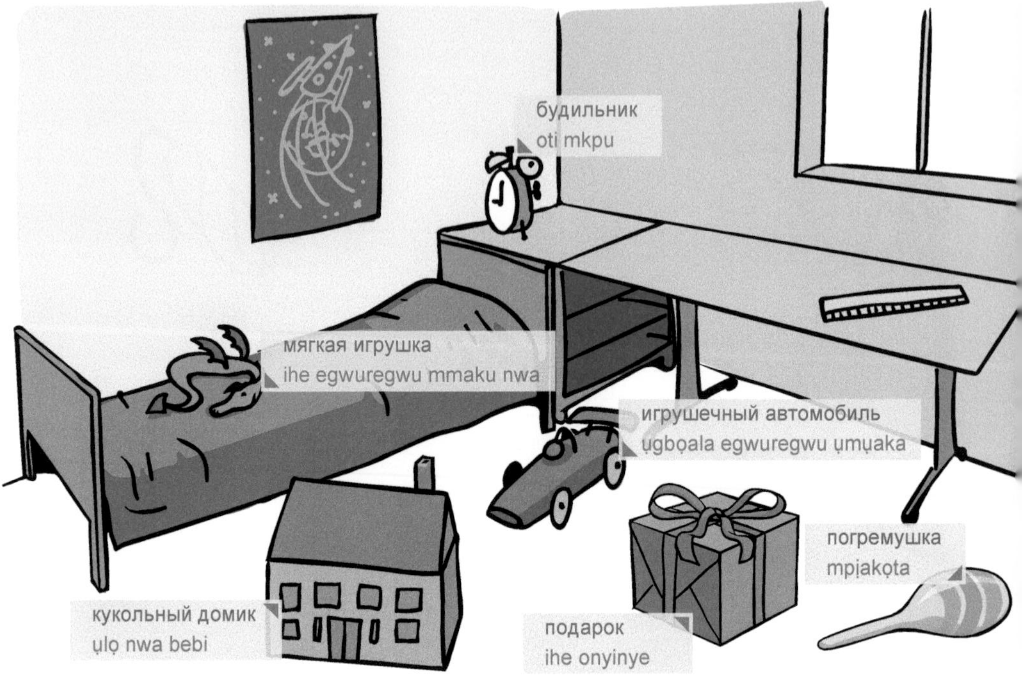

будильник
oti mkpu
мягкая игрушка
ihe egwuregwu mmaku nwa
игрушечный автомобиль
ụgbọala egwuregwu ụmụaka
погремушка
mpịakọta
кукольный домик
ụlọ nwa bebi
подарок
ihe onyinye

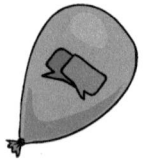

воздушный шар

balun

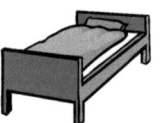

кровать

akwa ndina

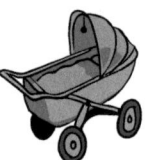

детская коляска

ihe obu nwa

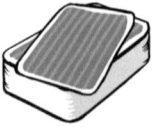

карточная игра

oche kaadị

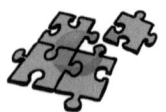

пазл

egwuregwu mgbagwoju anya

SUPER MEGA

комикс

na-atọ ọchị

кирпичики Лего

lego brik

кубики

ihe owuwu ụlọ

игрушечная фигурка

ihe ngosi ogụ

ползунки

utonwa

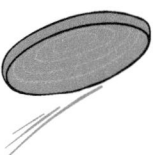

фрисби

ihe egwuregwu diski na efe efe

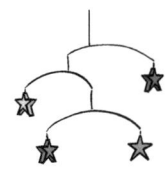

мобиле

mbughari

настольная игра

bọọdụ egwuregwu

кубик

dais

модель железной дороги

nlereanya ụgbọ okporo ígwè

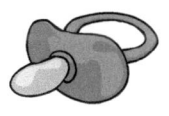

соска

ihe oyiri mmadu eji egosi akwa

вечеринка

otu

книга с картинками

akwụkwọ foto

мяч

bọọlụ

кукла

nwa bebi

играть

kpọọ

песочница
olulu aja

качели
janglova

игрушка
ihe egwuregwu gasi

игровая приставка
ihe egwuregwu vidiyo

трёхколесный велосипед
ogbatumtum

плюшевый медвежонок
ihe egwuregwu ụmụaka

шкаф для одежды
wodrobu

одежда
uwe

носки
sọks

чулки
sọks

колготки
uwe ime ahu